चाँद की स्याही से ...

मेरी ज़िन्दगी के कुछ पन्ने...!

Vishal Rajendra Shinde

BookLeaf Publishing
India | USA | UK

Made with ❤ on the BookLeaf Publishing Platform
www.bookleafpub.in
www.bookleafpub.com

Dedication

I would like to dedicate this collection of poetry to the person who introduced me to the world of poetry... Shri Sampurna Singh Kalra... alias **GULZAR** Sahab.

Through him I learned the magic these words hold within, if waved with emotions, sensitivity and love.

I believe my writing has impression of Gulzar Sahab, which I am proud of.

Preface

Poetry is a very personal expression.

Still, it is universal in its own ways.

A feeling, a thought which was experienced in a private moment, at a crowded place when you are lost in your thoughts...can still be relatable to someone sitting off the shore watching a sun setting after a long day.

That is the magic of words, feelings, thoughts and a thread tying them together. **POETRY**.

This is my attempt of expressing some feelings which were accumulated since years.

Hope this reaches your heart, connects with you and comforts you... I will feel blessed.

Acknowledgements

I would like to express my deepest gratitude to my family for their unwavering support throughout this journey.

To my better-half, life partner and my best friend, **Shital**, who always encouraged me to write, and pursue the dream of publishing the collection.

A special thanks to Book Leaf Publications, for giving the opportunity via "21 days challenge". It was pathbreaking experience for me.

Finally, to the readers who embark on this adventure with me, thank you for giving my words a home in your imagination.

1. खतों का कारवाँ...!

नहीं मालूम ये कब हुआ,
मगर हैरत है की हो गया...
खतों का कारवाँ तरक़्क़ी के सफ़र में, कहीं खो गया !

वो भी क्या दौर था, जब ख़त लिखे जाते थे.
एक छोटे से काग़ज़ पे, जज़्बातों के सागर उमड़ आते थे !

समा कुछ और की हुआ करता था...
खिड़की दरवाज़ों पर निगाहों का बसर होता था,
हर आहट पे दरवाज़े की तरफ़ मन भागता था...
हर लम्हा बस यही सवाल रहता था...
ना जाने कब वो 'डाकिया' आयेगा?

हा वही अधेड़ उम्र का फ़रिश्ता,
जो ख़ाकी कपड़े पहन सतरंगी सपने लाता था.
साइकिल पे मोहल्ले भर घूमता,
कभी कभी तय वक़्त पे आता,
पर अक्सर बहुत इंतेज़ार करता था !

मगर ना जाने क्यों एक झलक उसकी पा के,

लोगों का गुस्सा जाने कहा उड़ जाता था,
एक लंबे इंतज़ार के ख़त्म होने का इत्मीनान,
अक्सर बाक़ी सब जज़्बातों पे हावी हो जाता था!

ये नज़ारे ना जाने क्यों इन दिनों दिखाई नहीं देते,
बिना सरकारी लिफाफों के कोई और डाक भेजे नहीं जाते.
वो जज़्बातों से भरी नम आँखें भी,
बड़ी खिड़कियों के महँगे पर्दों के पीछे कहीं गुम हो गई है,
तबसे,
जबसे...

खतों का कारवाँ तरक़्क़ी के सफ़र में, कहीं खो गया !

2. चाँद की बदमाशी...!

मजबूरी में अक्सर,
ऐसा ही कुछ करना पड़ता है...!

नज़रों के सामने होकर भी जब जन्नत ना दिखे,
तो कान पकड़ के उसे दिखाना पड़ता है...!

इसी फ़िराक में "**किसी**" ने,
आज रात मेरे मोहल्ले की बत्तियां बुझा दी है...!

हर तरफ अन्धेरा यु घूम रहा है,
जैसे किसी ने उसे सज़ा दी है...!

ऊपर आसमान में अब कहते है,
एक खुबसूरत नज़ारा दिखेगा...!

चौदहवी का चाँद, तारों का आँचल ओढ़ कर,
सुना में आसमान में निकलेगा...!

ना जाने कितने लोगों की आँखों में,
इस मंज़र को देख के तारों सी टिम-टिमाएगी ख़ुशी...!

अब जाके चाँद के सीने को शायद ठंडक मिलेगी.

गुमनामी के अँधेरे से निकल कर,
अब जाके '**उसके**' लिए उम्मीदों की नयी सुबह दिखेगी...!

This poem is a situation-based experiment of mine.
It arrived to me one evening when I entered my colony

and all-of-a-sudden the power supply went “off”.

A thought came in my mind, most of us generally spend our evenings-nights sitting in our homes-rooms-hostels with our laptops, computers, television etc. We spend time with the virtual world. (Inspiration...Gulzar Sahab's poem)
But in the actual world, just outside our window, up in the sky...their lives a lonely MOON.
Who must be waiting for someone, at least someone, to sit in front of him and acknowledge his presence.
What would he do, if he can’t take it anymore?
What could you have done to get the attention, if you had been at his place?

I could imagine some naughty act...which I tried to capture in the below poem...! ;)

3. रात का किस्सा !

रात खामोश पड़ी थी,
मैं भी पास ही लेता था,
मद्धम सी हवा चली,
और वो सो गई।

मैं एक-एक कर
आसमान के तारे बुझाता रहा।

नींद टहलने निकली अपने घर से,
तो मेरे सामने वाली सड़क से गुज़री।

मुझे देख जागता हुआ यूं बेवजह,
मेरे पास आई,
अपनी गोद में मेरा सिर रखा,
और मुझे सुलाने की कोशिश में मेरा माथा थपथपाने लगी।

पलके मूंद ली मैंने
और '**सपनों**' के सपने देखने लगा,
कुछ गुनगुनाती थी रात शायद,
मुझे कीड़ों का शोर भी, लोरी लगा।

कुछ ही पल में,
मेरी भी आँख लग गयी,
नींद मुझे एक मखमली '**नज़्म**' ओढ़ा कर,
दबे पाव अपने घर लौट गयी।

4. शायद, आज फिर...!

एक शाम और बुझ गई,
एक बार फिर आसमान तारों से सजा है,
एक बार और चाँद खिला है फलक पे,
एक बार फिर ज़मीन ने अँधेरे की शाल को ओढा है...!

सब सज-धज के इंतज़ार में है,
की कुछ ही देर में बस,
सपनों की कहानी शुरू होगी,
निंदिया रानी आती ही होगी...!

मेरे मकान में लेकिन,
कुछ और मंज़र है...रोज़ ही की तरह...!

महफ़ूज़ कोनों में बैठे कीड़े-मकोड़े अन्ताक्षरी खेल रहे है...
ऊपर एक पंखा बेसुरी सी कोई ताल बजा रहा है...
और कमरे में फैली ख़ामोशी, मच्छरों के शोर में अपना वजूद खो रही है...!

इसी दौरान बंद आँखों के पर्दें पर,
कोई पुरानी सी कैसेट चल रही है, यादों की...!

कोई पुरानी कहानी याद आ रही है,
किसी की याद, आज फिर सता रही है...!

अब ऐसी सूरत में ना जाने वो कैसे आएगी...?

नहीं...
शायद, आज फिर नींद नहीं आएगी...!

5. एहसास ... !

हम अक्सर ग़लतफ़हमियों में जिया करते है।

कहते है सब पता है,
पर क्या ख़ुद को भी पुरी तरह पहचानते है?

वक़्त धुल बन कुछ यादों को ढक देता है,
और हमें लगता है,
कि भुला दिया कुछ एहसासों को हमने।

दरअसल,
ये वक़्त ही है
जो किसी अंजाने मोड़ पर,
ख़ुद ही उन तस्वीरों से धुल हटा,
दिखलाता है वो धुँधली यादों के निशान,
कि आज भी कुछ देर को बहक जाता है दिल।

और ये **एहसास** दिलाता है कि,
'वाह'
किस संजीदगी से जिया करते थे ये ज़िंदगी हम।।

6. कितना मुश्किल है?

कितना मुश्किल है...?

अपने आप पर काबू रख पाना,
अपने विचारों को बुराई की कीट नहीं लगने देना,
अपने दिल में सच्चाई के दीप जलाए रखना,
अपने अस्तित्व से अपनों को खुशी देना, उन्हें दुख न होने देना,
अपने हिस्से में आई असफलता से हार न मानना,
अपने ख्वाबों पर विश्वास बनाए रखना,
अपने दिल की आवाज़ को सुनना और मानना,
अपने हर निर्णय के परिणामों को सम्मान से स्वीकार करना।

शायद बहुत मुश्किल है...!

क्योंकि ऐसा करने वाले हर किसी के हिस्से में अक्सर...

अपनों से जुदाई आती है,
अपनों की रुसवाई आती है,
आता है दर्द, जो सहना बहुत मुश्किल होता है,
आता है इस बात का एहसास, कि अपनों का साथ ही नहीं है,
आता है सवाल सारे समाज का,

आती है बेइज्जती अपने जवाब न सुने जाने की,
आता है अकेलेपन जैसा एक बदसूरत साथी, जो जिंदगी को पास आने नहीं देता,
आते हैं लाखों बेइमान ख्याल, जो हमसे कह जाते हैं कि...
"अब समझा... सच्चाई और ईमानदारी अपने साथ कुछ नहीं लाती"!

दिल की मायूसियों की हालत बयान करना ऐसे में मुश्किल हो जाता है और तब यह समझ में आता है कि... दिल की राह पर चलना, सच में...

कितना मुश्किल है।

7. चाँद का पहला मेहमान...!

आसमान पे बिछाई अँधेरे की चिलमन,
हर रात थोड़ी थोड़ी हटाकर,
वो चाँद झाकता हे फलक से,
राह देखता हे, इंतज़ार करता हे किसी का वो...!

यु तो कुछ करोड़ों सालों से ही चल रहा हे ये सिलसिला उसका,
पर कभी एक पल के लिए भी थका नहीं वो...!

आखिर थके भी क्यों भला?
कुछ साल पहले '***एक नीले तारें***' को देख,
कुछ माँगा था उसने...
जो दुआ पूरी हुई थी '**Neil**' के रूप में...!

अब तक अकेले ही तो जी रहा था,
इतने तारों की भीड़ में तन्हा खड़ा था...
उस 'फ़रिश्ते' ने कदम रख के उसकी ज़मीन पे,
एक अंजान से लगने वाले '**चाँद**' को अपना बना लिया...!

तभी से शायद बच्चों के लिए चंदामामा
और प्रेमियों की प्रेमिका बन गया वो...!

आज उस '**चाँद का पहला मेहमान**' छोड़ गया हमे...
हमे गम हे बड़ा...
पर शायद "वो" (चाँद) खुश है !

मैंने पुछा तो कहता है...
मेरे पड़ोस का ही सितारा ख़रीदा है "उसने"...

अब वो यही रहेगा..मेरे पास...
बहुत पास...!!!

26-Aug-2012: The day Neil Armstrong left us. A Tribute to the man who stepped the first step on MOON.

8. रिश्तों की सच्चाई

हर रिश्तें में होती है गुंजाईश...

एक ग़लत-फहमी के कोहरे से,
नज़र धुँधलाती सुबह की ।

एक तन और रुह को जलाती,
ग़ुस्से की कड़ी दोपहर की ।

एक अकेलेपन और अनबन के,
काले बादलों में घिरीं शाम की ।

तो कभी,
नाराज़गी के काले अंधेरे में,
सन्नाटे सी गुंजती रात की भी ।

मगर इन सब के बावज़ुद,
उम्मीद की एक सुनहरी सुबह भी होती है ।

जो खुशी से खिलखिलाती है और कहती है,

" *वो रिश्तें जो दिलों में पैदा होते है,*
उनकी उम्र बहुत लंबी होती है ।।"

9. मेरा भारत महान ?

सोच में हूँ कैसे कहूँ,
कैसे कहूँ ... मेरा भारत महान ?

ऐसा क्या किया पिछले बरस जिसने बढाया हमारा मान ?
कैसे कहूँ ... मेरा भारत महान ?

गए साल बदलाव की हर एक कोशिश,
दम तोडती दिखाई दी.
कही "अन्ना" तो कही "बाबा",
सब के जोश की लौ, वक़्त के साथ बुझ गयी...!

गए साल भी बेवजह,
बेगुनाहों के खून की नदिया बही...
देश के हर कोने में, पूरब से लेकर उत्तर तक,
हर जगह इंसानियत की जान गयी...!

इस साल कई नेताओं ने अपने ज़बान पे लगी समझदारी की लगाम,
खुदगर्जी की दौड़ में छोड़ दी,
इस साल देश चलाने वालो के बेशर्मी की,
इन्तेहा हम सब ने देखी...!

इस साल पहली बार मेरी पीढ़ी ने,
समाज को लगी जानलेवा बीमारी महसूस की...
इसी साल, संस्कृति और संस्कार वाले भारत में,
वैशिपन और बेशर्मी की दरों वारदातें दिखाई दी...!

तभी सोचता हूँ , क्या सच में है ...
मेरा भारत महान ?

ये सच्चाई हैरान करती है,
ये सवाल परेशान करते है,
ये क्या हो रहा है गौतम – गाँधी के देश में,
इन पहेलियों के हल ढूंढे नहीं मिलते है ...!

पर कुछ तो था जो अलग था,
पर कुछ तो ऐसा दिखा जिसमे बदलाव था ...

देश की जनता ने हर लड़ाई का साथ दिया,
कभी अन्ना तो कभी निर्भया के लिए सरकार तक को हिला दिया ...
पिछले साल मेरे देशवासियों ने एक नया कदम उठाया है,
समाज के घिनौने चहरे से नकाब उतारने का जिगर दिखाया है ...!

ये पहला कदम हमे इन्शाह अल्ला बहोत आगे ले जाएगा ,
वक़्त लेगा फिर से करवट और भारत में राम राज्य लौट आएगा ...
अनगिनत घाव खा के भी डगमगाया नहीं हमारा विश्वास है,
देश में फैली गन्दगी साफ़ करने का हमारा सच्चा ध्यास है ...!

अब सवाल की माला नहीं हम जपेंगे,
अब जवाबों के गीत हम गुनगुनायेंगे,
की
क्यों था ...
क्यों है ...
और
क्यों रहेगा...
मेरा भारत महान...
मेरा भारत महान...!!!

जय हिन्द ...!!!

On the backdrop of seeing off 2013 & 2024 republic day celebration, when entire country was engrossed in cheering this slogan, I was in dilemma...! Are we really that great? If not, what does it take to become one.

10. छुट्टी की अर्जी...!

काश...बस ये एक अर्जी मेरी मंज़ूर हो जाये,
दो-तीन दिनों की मुझको,
ज़िन्दगी से फुरसत मिल जाये...!

ना जाने वक़्त के...

कौन से शहर,
कौन सी गली या नुक्कड़,
किस अजनबी मोड़ पे,
किस भरी दोपहर, जाने किस पीपल की छाव में,
समंदर के कौन से साहिल की रेत पे,
दिन के किस पहर की दीवार पे,
आँगन की कौन सी मिट्टी पे,
या हवा के किस झोंके पे ...

आवारापन से भरी भागा-दौड़ी में,

कितने बेहिसाब..
किस्से,
नगमें,

नज़्में,
और एहसास तक...छोड़ आया हूँ...
आदतन शायद कहीं भूल आया हूँ!

सोचता हूँ,
एक दिन जा के चुन लाऊँ,
ये कलियाँ यादों के बगीचों से...
और फिर बैठ के किसी हसीन शाम,
सुकून से पिरों के इनको अल्फाजों की डोरी में,
'**मेरा आज**' सवारुंगा इन से ...!

सोचता हूँ,
इस कदर बिताऊंगा कुछ यादगार दिन भी !

इत्मीनान से आना कभी,
तुम्हे भी सुनाऊंगा ***'मेरी ज़िन्दगी'...!***

11. कोहरा ... !

आज मेरी गुलाबी सी नींद टूटी तब,
जब तडके खिड़की पे दस्तक सुनी किसी की ।

नींद में था मैं,
सो उसे अनसुना कर दिया,
रजाई को कस के लपेटा बदन पे और फिर से सो गया ।

दस्तक बढ़ी तो बेमन बिस्तर से उठना पड़ा,
और आँखें मसलते हुए किवाड़ों को मैंने खोला ।

बस एक ही पल में,
लपक के कोई अन्दर घुस आया,
मैंने पीछा किया और देखा तो,
वो मेरे कमरे के किसी गर्म कोने में सहमा सा बैठा था,
ठंड से बाहर ठिठुर रहा था...
वो बिचारा '**कोहरा**' था ।

कैसे कैसे लोग होते है, देखिये तो ?

दूर देस से,

हिमालय की गोद से,
मेहमान को बुलातें हे,
और सर्दी की रातों में खुल्ले खेतों ही में उनको सुलाते है ।

बिचारा ... **कोहरा** ।।

12. एक नया सफ़र ...!

आओ,
एक नए सफ़र पे चलते है हम ...
पहचान तो हो गयी ना अब,
तो चलो, साथ ज़िन्दगी बसर करते है हम ...!

हाँ, बहुत सारी कहानियाँ है, जो तुमको सुनानी है ...
किस्सों की एक खुबसूरत एल्बम है पास मेरे,
जो तुमको दिखानी है ...!

गुज़रे वक़्त की कई यादों-सौगातों के पौधे लगाते आया हूँ अब तक,
कभी फुरसत में चलेंगे टहलने वहा, तब तुम्हे भी चखाऊंगा ...
कुछ मीठी यादों के फल, और कुछ खट्टी सौगातों की देहलियाँ ...!

खयालों के कुछ बीज भी है पास मेरे,
तुम आना तो लगायेंगे उनको आँगन तो देखना आने वाले कल में
खुबसूरत फूल खिलेंगे उनपे ...!

इस सफ़र पे मगर सुना है कुछ कच्ची पगडंडिया है,
कुछ काटों से भरे रास्तें है, ग़लतफहमी के दलदल से भरी राहें है,
और फिर आगे से एक दाया मोड़ लेने पर, एक आसान पक्की सड़क

लगती है
जो सीधा ख़ुशहाली और मोहब्बत के शहर जाती है...!

एक इल्तेजा बस इतनी करूँगा की इस दौरान,
बस हाथ थामे रहना मेरा, न छोड़ना – न छोडने देना,
और भरोसा रखना इस बात का, की हम लुत्फ़ उठाएंगे इस सफ़र का,
रास्तें में आने वाली हर ख़ुशी और मुश्किल का ...
और हर हाल में, मोहब्बत वाले उस शहर में पहुचेंगे
और एक खुबसूरत सा आशियाना बनायेंगे हमारा !

13. सवाल...

सवाल पूछना ग़लत नहीं,
सवाल पूछना ज़रूरी है.

सवाल एक कोशिश है वो बंद दरवाज़ा खोलने की,
जो किसी की जिज्ञासा के राह में बना है.

सवाल एक जद्दोजहद है उन बेड़ियों को खोलने की,
जो किसी ने बरसो पहले पैरों में बाँध रखी है.

सवाल एक हक़ है उन सब के सदविवेक का,
जिनके अस्तित्व पे अपेक्षाओं के बोझ लादे गए है.

सवाल एक ज़रूरत है एक समाज का,
ताकि कुछ निजी सुविधा की बातें, रिवाज़ ना बन जाए.

एक सही सवाल, प्रमाण है साफ़ नियत का भी,
जो जवाब देने वाले को प्रोत्साहित और हर्षित करते है.

जहा सवाल पूछना ग़लत ना हो,
जवाब देने का डर ना हो,

उस समाज में काई नहीं जमती...
सबका विवेक हिमालय में बहती साफ़ नदी सा होता है,
जिसमे उस समाज का प्रतिबिंब देखा जा सकता है!

14. कभी सोचा है ?

कभी सोचा है, ज़िंदगी में हमारी,

"*जो हुआ अब तक*" अगर ना होता,
तो "*जो हुआ अब तक*", क्या वो भी होता?

जो उलाहना रहती है ज़िंदगी से,
कुछ ना मिलने की हर पल हर घड़ी.
अगर वो मिल जाता,
तो क्या वो मिलता,
जिस बात की ख़ुशी चमकती है आँखों में हर पल हर घड़ी.

ज़िन्दगी में शायद यूँ ही कुछ नहीं होता,
जो नहीं होता,
उसका होना लिखा ही नहीं होता.

ये एहसास ज़रूरी है जीने में,
सादगी, विनम्रता और कृतज्ञता होने के लिए.

ये एहसास ज़रूरी है सच में,
एक **इंसान** बने रहने के लिए.

15. मुलाक़ात

आज कई दिनों बाद उससे '**मुलाक़ात**' हुई.

एक अरसा हो गया हमारा साथ छूटा था,
एक की भलाई के लिए दूसरे से हाथ छूटा था.

आज अचानक मिली तो अचंभा हुआ,
उम्मीद नहीं थी ना मिलने की,
तो थोड़ा वक्त लगा.

कुछ देर बीता तो वक्त की धूल उड़ी,
एक पुराने रिश्ते की भूली बिसरी यादें मिली.

चलते चलते हम सफ़र पे निकल गए बीते वक्त के,
फिर जीने लगे वो लम्हें, जो साथ हमने बिताए थे.

हम उन गलियों से गुज़रे जहा फिल्मी गीत हमारे साथी थे,
किशोर-लता, आशा-रफ़ी हमारी आवाज़ें थी,
मजरूह-साहिर, बख्शी-गुलज़ार हमारे लफ़्ज़ थे,
एस डी-रोशन, एल पी-पंचम हमारे दिल की धड़कने,
और

देव आनंद-मधुबाला, अमिताभ-स्मिता हमारे चेहरे.

देखते ही देखते बहुत दूर आ गए हम,
बातों बातों में सालों का सफ़र कर आए हम.

यादों का सफ़र अक्सर थका देता है,
दिल को भारी और आँखो को नम कर देता है.

आज भी वैसा ही हुआ.

उम्र और तजुर्बे ने लेकिन अपना असर दिखाया,
भीड़ में भी बड़ी सफ़ाई से आँखो में दर्द को छुपाया.

अच्छा हुआ आज तुम नहीं आई.
अच्छा हुआ आज तुम नहीं मिली.
वरना ये बाँध टूट जाता,
और शायद मैं ख़ुद को ना संभाल पाता.

तो कुछ इस तरह आज का दिन शुरू हुआ,
आज कई दिनों बाद मेरी "**तन्हाई**" से मुलाक़ात हुई.

---

a thought that took birth while listening to an episode of Riya's Retro!

16. शहर...

शहर...

मानो तो बस एक जगह,
और सोचो तो हमारी कहानी का एक अहम किरदार होता...

कभी ये एक अनदेखा माशूक़ होता है, जिसके पास जाने को दिल मचलता है.
तो कभी ये एक दोस्त होता है, जो पहले नापसंद और फिर अपना सा लगता है.

कभी ये कोई दुश्मन होता है, जो हमे अपनों से दूर करता है.
तो कभी ये वो खामोश साथी होता है, जो किसी अपने से, अनजाने ही मिलाता है.

कभी ये किसी भयानक याद सा ज़ेहन पे हावी रहता है.
तो कभी ये किसी कहानी सा खूबसूरत और हसीन लगता है.

कभी, काम के सिलसिलें में ठिठुरती ठंड में अकेला छोड़ देता है.
तो कभी ये नानी के गाव सा, गर्मी की छुट्टियों में, सुकून देता है.

कभी ये बन के कोई दुर्घटना, हमे ख़ुद से दूर रखता है.
तो कभी दिल के अंदर छुपे किसी डर को दूर कर के, हमे आज़ाद कर देता है.

कभी दोस्त, कभी साथी,
कभी प्रेमी, कभी सखी.
कभी हमसफ़र, कभी अजनबी ,
कभी रुक्ष सा कोई मौसम, कभी दुश्मन.
कभी माँ की याद दिलाता ममता का सागर,
कभी कठोरता से जीने का सबक़ सिखाता पिता.
कभी भाषा के बंधनों में जकड़ा हुआ,
तो कभी प्रेम की भावना से भरा हुआ.
कभी ज़िन्दगी का फ़लसफ़ा सिखाता बुजुर्ग,
कभी ज़िंदगी की सहजता समझाता कोई बच्चा.

जो भी हो
जैसा भी हो,
एक शहर ...

हमारी कहानी का **एक अहम किरदार** होता है.

17. सफ़र

ये जो **सफ़र** ज़िंदगी का होता है,
तजुर्बों और सफलताओं से भरा होता है.

कुछ लोग होते है जिनकी ज़िंदगी में...

तय की हुई मंज़िल होती है,
तय किए रास्ते होते है,
तय किए मील के पत्थर होते है, और अक्सर
तय किए हुए ही हमसफ़र होते है.

वो अक्सर अपना तय अंजाम पहुँच ही जाते है ।।

और कुछ बंजारे होते है ...
जिनकी ज़िंदगी में...

अनजाने हमसफ़र होते है, जो
अनजाने रास्तों पे साथ चलते है, जो
अनजाने क़िस्म की चुनौतियाँ लाती है, जो
अनजाने ही किसी मुकाम तक ज़िन्दगी को पहुँचाती है.

वो अक्सर सफ़र की ख़ुशियाँ लूटते है,
और अंजाम की फ़िक्र ज़िंदगी पे छोड़ देते है ।।

18. काश...

मैं अक्सर सोचता हूं,
कि जिंदगी को क्या एक शब्द में बांधा जा सकता है।

शायद हां...? शायद ना...?

अगर हां... तो क्या वो शब्द हो सकता है ...'**काश**...'

काश...
एक एहसास, एक ख्याल,
एक टीस, एक सवाल,
एक शिकायत, एक ख्वाहिश...
ये सब ही तो हैं उस एक शब्द के हजार चेहरे !

हर उम्र, हर पड़ाव, हर लम्हे में,
कुछ न कुछ ऐसा होता है,
जो मजबूर करता है हमें कहने के लिए...!

'काश'

काश... हम अमीर होते

काश... मैं किसी और स्कूल में पढ़ा होता
काश... मैंने कोई और सब्जेक्ट लिया होता
काश... उस साल थोड़ी और मेहनत की होती
काश... वो चिट्ठी पापा के हाथ न लगी होती.

काश... मैंने कोई और स्ट्रीम चुनी होती
काश... उस सेमेस्टर में और दिल लगाकर पढ़ाई की होती
काश... उसे दिल की बात बता दी होती
काश... उससे बद्तमीज़ी न होती.

काश... पहली जॉब में थोड़ी और मेहनत की होती
काश... पहली सैलरी से सेविंग शुरू की होती
काश... काम को तवज्जो देते हुए सेहत भी संभाली होती
काश... वो पहली कश, वो पहली सिगरेट न पी होती .

काश... थोड़ी हिम्मत जुटाई होती...
काश... उसके प्यार पर भरोसा दिखाकर उसकी इज़्ज़त बढ़ाई होती।

काश... काश...
ये शब्द और उसके आगे की बातें खत्म नहीं होतीं।
ये बातें, ये खालीपन अक्सर मायूस कर देता है।

और तब मैं सोचता हूँ...
क्या इस एक शब्द में जिंदगी को समेटना ज़रूरी है... उचित है...

जिंदगी कितनी बेबाक और खूबसूरत है...
वह हर पल, हर लम्हा,

आती है एक मौका लेकर... जो बिगड़ गया उसे सुधारने का।
वो देती है उम्मीद जो बिखरा हुआ है उसे समेटने का।

तो शायद ये कोशिश सही नहीं

ज़िंदगी जैसी है बहुत खूबसूरत है,
हर अनुभव बेहतरीन है,
यहाँ मायूसी और उलाहनों की जगह नहीं !

'काश' ये बात जल्दी समझ आती...!

19. तलाश...!

तेरी यादों में रहना कुछ ऐसा है जैसे,
सुबह के नीले आकाश में उड़ता एक अकेला पंछी.

जो बिना किसी नक्शे, किसी कंपास के,
निकला हो किसी सफ़र पे,
किसी की तलाश में,
जो दिखता नहीं,
जिसका कोई पता नहीं,
साथ है तो बस उसका एहसास...!

फिर शाम आती है,
एक सफ़र ख़त्म होता है,
दिन बत्ती बुझा के चला जाता है...!

वो पंछी फिर,
किसी पेड़ की शाख़ पे,
ओढ़ के उसी एहसास को
ख़्वाब बुनते बुनते सो जाता है !

अगली सुबह फिर एक नया सफ़र,

एक नई दिशा,
फिर **तलाश**,
तुम्हारी !

20. अफसानों वाली गली...!

इन दिनों अक्सर मैं टहलते-टहलते,
गुज़रता हूँ उन रास्तों से,
जहा अफ़साने लिखे जाते है...!
शहर की एक रफ़्तार से भरी सड़क के किनारें,
कुछ बेंच लगाए हुए है,
जिनपे हर शाम बनती है ये कहानियां...!

हर अफ़साने में दो किरदार होते है...
जो अपनी-अपनी हसरतों के धागे लिए,
एक-दुसरे के इर्द-गिर्द नयी ज़िन्दगी की बुनाई करते है...!
बेहद खुबसूरत होता है ये मंज़र...!
हर अफसाना अलग होता है,
हर अफसाना नया-सा लगता है...!
कही पहली मुलाकात की ख़ुशी होती है...!
कही "क्या करें अब बात?" ये उलझन होती है...!
कही पहले स्पर्श की हसरत और झिझक होती है...!
तो कही आँखों के आगे चल रहे इस नज़ारे को देख गुद-गुदी होती है...!

कही नाराज़गी भी होती है, इंतज़ार करवाने की...!

तो कही दिखती हे झूटी बेरुखी, अपनी कोई बात मनवाने की...!
कही मुझे ख़ामोशी भी बैठी नज़र आती है...!
अनकहे दर्द और तकलीफ की आँखों से होती गुफ्तगू सुनाई देती है...!
कही होता है गम बिछड़ने के लम्हे का...!
तो कही दिखता है जश्न रज़ामंदी मिलने का...!
ये अफ़साने जवान ही नहीं, बुज़ुर्ग भी होते है,
ज़िन्दगी की अधेढ़ उम्र से कुछ जवानी के पल इनमे छुपे होते है...!

उसी राह पे,
आगे एक कोने में,
एक अकेली बेंच है,
जहा मैं अक्सर जा के बैठ जाया करता हूँ...!

मैं हाथ में कलम लिए, इंतज़ार करता हूँ उस लम्हे का...
जब कोई पास मेरे बैठ के...**एक अफसाना लिखे**, मेरे लिए...!

This poem refers to JM Road in Pune.
Where many couples steal sometime from their day, to meet, chat and LIVE their DREAM of being together.
So, this poem is dedicated to all those in LOVE.

21. मेरी नज़्म...!

काफी दिन हो गए अब,

कोई नज़्म इस ज़हन की गलियों से गुज़री नहीं...
कोई ख़याल थाम के हाथ उसका,
टहलने भी नहीं आया इन रास्तों पे...
और ना ही जज़्बातों की मुलाकात ही हुई उससे ...!

एक अरसा सा हो गया जैसे ...!

नज़्म जब मिलती नहीं इस कदर,
तो बेचैनी सी महसूस होती है ...
कुछ खाली-खाली लगता है सीने में,
बेवजह गुज़रे वक़्त के जाले लग जाते है ...!

उसकी आहट जब भी आती है,
तो धड़कन घुंघरुओं सी सुनाई पड़ती है ...
साँसों की रफ़्तार ताल से ताल मिलाती है और,
कलम कागज़ पे नाच पड़ती है ...!

सुकून की स्याही से तब मैं

अपने दस्तखत करता हूँ आखिर में ...
एक नज़्म के मिलने का जश्न तब
चहरे पे ख़ुशी और होटों पे हसी छोड़ जाता है ...!

पर ना जाने क्यों ...

काफी दिन हो गए,
मेरी नज़्म मिली नहीं मुझसे ...!

आपसे किसी राह में टकराए तो कहना...
मैं इंतज़ार कर रहा हूँ उसका...!

www.ingramcontent.com/pod-product-compliance
Lightning Source LLC
LaVergne TN
LVHW022029200926
848481LV00007B/2613